Mme Savignac (Alida de)

Abécédaire joujou

X 19675 (444)

444

ABÉCÉDAIRE-JOUJOU
avec Texte.

OUVRAGES NOUVEAUX.

ALBUM D'HISTOIRE NATURELLE, *à la portée de l'enfance*, d'après BUFFON, LACÉPÈDE, CUVIER et les naturalistes qui ont le plus contribué au développement et aux progrès de cette science ; ouvrage composé de 32 tableaux in-4°, oblong, renfermant plus de 500 sujets des divers règnes de la nature, avec un texte explicatif et étendu, classé par genre ; composé par M. C. Delattre, auteur du *Spectacle de la nature et de l'industrie humaine*. Prix, élégamment cartonné, figures en noir : 12 fr.; figures coloriées, 20 fr.; dans une jolie boîte. 25 fr.

ALBUM DES ENFANS BIEN OBÉISSANTS, ou *les Plaisirs de la campagne*, joli cartonnage oblong, in-32, avec 16 cadres de gravures, offrant une grande quantité de divers sujets et vignettes charmantes. Le texte, fort intéressant, est de madame Alida de Savignac. Il est précédé d'un alphabet en lettres variées et ornées. Prix, cartonné avec figures noires, 3 fr., avec figures coloriées. 3 fr. 50 c.

ALBUM (PETIT) RÉCRÉATIF, ou *les Plaisirs de la ville*, joli cartonnage, par le même auteur, dans le même format, avec le même nombre de gravures. En noir, 3 fr.; coloriées. 3 fr. 50 c.

ABÉCÉDAIRE-JOUJOU *pour les petites filles*, par le même auteur, même format, même nombre de gravures, petit in-8°, oblong figures noires, 1 fr. 50 c., coloriées. 2 fr.

ALPHABET DES QUATRE SAISONS, joli cartonnage orné d'une grande quantité de vignettes gravées sur acier. Texte très-amusant, moral et instructif, par l'auteur des *Enfans d'après nature*, in-32, cart. élégamment, figures noires 3 fr., coloriées. 3 fr. 50 c.

BIBLE DU PREMIR AGE (LA), ou *l'Origine de la religion chrétienne*, par mademoiselle Julia Michel, joli ouvrage in-12, oblong, avec grand nombre de vignettes, cart. élégamment en noir, coloriées. 4 fr.

ZOÉ, ou *la Bonne Sœur*, par madame Alida de Savignac, 1 vol. in-18, orné de jolies gravures. 1 fr. 50 c.

AUTOUR DU FEU, petites nouvelles à l'usage de la jeunesse, par mademoiselle Julia Michel, 2 vol. in-18, avec 6 jolies gravures. 3 fr.

LAURE ET MAURICE, *petit tableau de famille*, à l'usage des enfants, par madame la baronne Amélie de Norew, 1 vol. in-18, avec gravures. 1 fr. 50 c.

LES SOIRÉES DU GRAND PAPA, par A. E. de Saintes, 2 vol. in-12, ornés de 8 gravures sur acier, avec titres ornés ; prix : 7 fr.

o— Corbeil, imprimerie de Crété. —o

LA GÉNÉROSITÉ ET L'ESPIÈGLERIE.

ABÉCÉDAIRE - JOUJOU
POUR LES PETITS GARÇONS.

PARIS, D. EYMERY, ÉDITEUR POUR L'ÉDUCATION.

7

ALPHABET DE MAJUSCULES.

A B C D E F G H I J K L M N O P Q R S T U V X Y Z

ALPHABET DE MINUSCULES.

a b c d e f g h i j k l m n o p q r s t u v x y z

OBSERVATION. — Il faut faire remarquer à l'enfant que les *majuscules* sont les grandes lettres, ou *capitales*, qui se placent au commencement des mots, et que les plus petites, qui se nomment *minuscules*, sont les *ordinaires*, employées communément pour tous les livres imprimés.

8
MAJUSCULES D'ÉCRITURE.

A B C D E F G H I J K L M
𝒜 ℬ 𝒞 𝒟 ℰ ℱ 𝒢 ℋ ℐ 𝒥 𝒦 ℒ ℳ

N O P Q R S T U V W X Y Z
𝒩 𝒪 𝒫 𝒬 ℛ 𝒮 𝒯 𝒰 𝒱 𝒲 𝒳 𝒴 𝒵

MINUSCULES.

a b c d e f g h i j k l m n o p q r s t u
a b c d e f g h i j k l m n o p q r s t u

v w x y z
v w x y z

OBSERVATION. — Ces lettres sont ordinairement employées pour peindre l'écriture. — Les premières, comme dans l'impression, commencent les mots; les autres les achèvent.

DES DIFFÉRENTES SORTES DE LETTRES.

Il y a deux sortes de lettres : les voyelles et les consonnes.
Il y a cinq voyelles, qui sont :

a, e, i, o, u, et y, *qui se prononce comme* i.

Les doubles voyelles sont : æ, œ.

LES CONSONNES.

b, c, d, f, g, h, j, k, l, m, n, p, q, r, s, t, v, w, x, z.

Les doubles consonnes *pp*, *nn*, *mm*, *tt*, comme dans :

a*pp*étit, pi*tt*oresque, mécha*mm*ent, bo*nn*ement,

se nomment *nasales*, parce que, quoique doubles, elles ne donnent qu'un son.
Pour former des mots, il faut le concours des consonnes et surtout des voyelles.

EXEMPLES.

père, mère, enfants, sage, non, content, oui (ce mot n'est composé que de voyelles).

SYLLABES D'UNE VOYELLE SUIVIES D'UNE CONSONNE.

A — ab, ac, ad, af, ag, ak, al, am, an, ap, aq, ar, as, at, av, ax, az.
E — eb, ec, ed, ef, eg, ek, el, em, en, ep, eq, er, es, et, ev, ex, ez.
I — ib, ic, id, if, ig, ik, il, im, in, ip, iq, ir, is, it, iv, ix, iz.
O — ob, oc, od, of, og, ok, ol, om, on, op, oq, or, os, ot, ov, ox, oz.
U — ub, uc, ud, uf, ug, uk, ul, um, un, up, uq, ur, us, ut, uv, ux, uz.

LA CONSONNE SUIVIE D'UNE VOYELLE.

A — ba, ca, da, fa, ga, ha, ka, la, ma, na, pa, qua, ra, sa, ta, va, xa, za.
E *muet*. be, ce, de, fe, ge, he, je, ke, le, me, ne, pe, que, re, se, te, ve, xe, ze.
É *fermé*. bé, cé, dé, fé, gé, hé, jé, ké, lé, mé, né, pé, qué, ré, sé, té, vé, xé, zé.
Ê *ouvert*. bè, cè, dè, fè, hè, jè, kè, lè, mè, nè, pê, què, rê, sè, tê, vê, xê, zê.

CONSONNES SUIVIES DE LA VOYELLE i.

bi, ci, di, fi, gi, hi, ji, ki, li, mi, ni, pi, qui, ri, si, ti, vi, xi, zi.

CONSONNES SUIVIES DE LA VOYELLE o.

bo, co, do, fo, go, ho, jo, ko, lo, mo, no, po, quo, ro, so, to, vo, xo, zo.

CONSONNES SUIVIES DE LA VOYELLE u.

bu, cu, du, fu, gu, hu, ju, ku, lu, mu, nu, pu, qu'u, ru, su, tu, vu, xu, zu.

§ 12

VOYELLES ACCENTUÉES.

On met sur les voyelles des signes appelés *accents*, afin de modifier ou d'augmenter leur son.

à accent grave, à *Paris*.

â accent circonflexe : *châtiment, gâteaux*.

e, sans accent, s'appelle *e muet*; avec l'accent aigu *é fermé*, avec l'accent circonflexe ou grave, è, ê, *ouvert*.

bonne, aimé, colère, bêtise.

Quant aux accents placés sur les voyelles *i*, *o*, *u*, comme ils appartiennent aux règles de la grammaire, nous n'en parlerons pas.

Le tréma se met sur les voyelles ë, ï, ü. On doit alors prononcer comme s'il y avait deux e, deux i, deux u :

Moïse, aïeux, Esaü, ciguë.

Le *c* a le son de *k* devant les voyelles suivantes, *a*, *o*, *u*. Pour lui redonner sa prononciation ordinaire, il faut placer dessous un signe appelé cédille ç :

façon, leçon, reçu, français.

13

MOTS D'UNE SEULE SYLLABE.

Jeu	Pis	Peu	Pot	Liard
Feu	Eau	Vin	Peau	Moi
Chat	Loup	Mur	Coup	Miel

MOTS DE DEUX SYLLABES.

Dra-gon	Mi-roir	Pa-pier	Cham-bre
Fi-chu	Ri-deau	Po-li	Fau-teuil

MOTS DE TROIS ET DE QUATRE SYLLABES.

do-ru-re	a-vi-de	li-mo-na-de	mo-no-po-le
a-da-ge	sa-ti-re	pi-lo-ta-ge	co-lo-nie
ti-ra-de	mé-ri-te	u-na-ni-me	fa-vo-ri-sé
ca-rê-me	vo-la-ge	fé-li-ci-té	ma-tu-ri-té

PHRASES DÉTACHÉES POUR PRÉPARER A LA LECTURE COURANTE.

Dieu *in-dé-fi-nis-sa-ble*
Dieu *par-fait*
L'hom-me *in-tel-li-gent*
L'hom-me *la-bo-ri-eux*
Le ri-che *a-va-re*
Le pau-vre *a-vi-li*
Le che-val *né-ces-saire*
Le li-on *re-con-nais-sant*
Le cro-co-di-le *am-phi-bie*
Le chat *pa-te-lin*
Le ciel *se-rein*
Le singe *i-mi-ta-teur*

La vieil-les-se *res-pec-tée*
La hyè-ne *fé-ro-ce*
La pie *ba-bil-lar-de*
La plai-ne *a-gré-a-ble*
La ro-se *é-pa-nouie*
La nei-ge *fon-dan-te*
La grê-le *dé-vas-ta-tri-ce*
La gla-ce *dia-pha-ne*
La nuit *obs-cu-re*
La na-tu-re *ai-ma-ble*
La co-mè-te *scin-til-lan-te*
L'hom-me *bien-fai-sant*

L'en-fant *sou-mis*
L'é-lé-phant *ran-cu-neux*
L'a-mi *sin-cé-re*
L'oi-seau *in-cons-tant*
L'her-be *fleu-rie*
Les chiens *ca-res-sants*
Les champs *en-se-men-cés*
Les vents *fu-ri-eux*
Les ri-vi-è-res *pro-fon-des*
Les ruis-seaux *lim-pi-des*
Les noix *ver-tes*
Les pom-mes *mû-res*

LA GÉNÉROSITÉ.

M. de Moncontour était riche, il pouvait faire de beaux présents à son fils Albert. Un jour, il lui donna une pièce d'or toute neuve; c'était la première que l'enfant avait en sa possession; il la trouva belle, joua avec, puis il la serra dans sa poche, parce que l'heure d'aller à l'église était sonnée.

Albert vit écrit sur un des piliers du temple : *Donnez pour la reconstruction du clocher*. Albert, après avoir lu, dit à son père : —Je vais mettre ma pièce d'or dans ce tronc. Son papa lui répondit : — Je croyais que tu voulais la garder, tu la trouvais si belle? — Sans doute, mais elle ne sert à rien dans ma poche, j'aime mieux la donner pour embellir la maison de Dieu.

Le père embrassa son fils en lui disant : — Tu as raison, si les riches gardaient leur argent, autant vaudrait pour l'église, pour le pays, pour nos frères, que nous fussions tous pauvres.

L'ESPIÈGLERIE.

Charles était un petit garçon si espiègle, que son papa, comprenant enfin combien il est ridicule de laisser ses amis, ses domestiques, être le jouet d'un enfant, se décida à le mettre au collége.

Charles crut que, dans cette maison, il aurait toutes facilités de lutiner ses maîtres et camarades ; mais qu'arriva-t-il? Les maîtres lui comptèrent des mauvais points, et lui refusèrent des billets de sortie les jours de congé ; quant aux camarades, ils se vengèrent des espiègleries de Charles, par des gourmades, ainsi que les écoliers se font justice entre eux.

Un dimanche, Charles, tourmenté par l'idée de faire une bonne espièglerie, s'introduisit le premier dans la chapelle du collége et versa de l'encre dans tous les bénitiers, et chacun, en faisant le signe de la croix, marquait son front de noir. L'espiègle riait en se cachant la bouche avec son mouchoir, comme s'il saignait du nez. Mais il avait été vu mettant de l'encre dans les bénitiers, et, après l'office, on l'envoya au cachot.

Le cachot d'un collége est une chambre sombre qui n'a d'autres meubles qu'une paillasse, une chaise et une petite table; c'est là que sont enfermés les enfants que des punitions plus douces n'ont pu corriger. L'ennui de cette retraite, la nourriture grossière que l'on y donne aux prisonniers, et surtout la honte d'être enfermé comme un criminel, inspirèrent à Charles de sérieuses réflexions et le serment de ne plus se permettre d'espiègleries.

LE VIEILLARD ET L'ENFANT.

Un bon vieillard se tenait assis au soleil; un petit enfant jouait tout auprès de lui, à l'ombre de grands arbres.

Maurice, *s'adressant au vieillard.* Dis-moi, mon bon André, pourquoi tu restes ainsi en place au lieu de venir courir avec moi?

André. Je reste assis parce que je suis vieux.

Maurice. Vieux, qu'est-ce qu'être vieux?

André. Être vieux, c'est avoir tant marché, que nos jambes ne peuvent plus nous porter; tant regardé les choses créées par Dieu, tant examiné les ouvrages des hommes, que nos yeux ne peuvent plus nous servir.

Maurice. Mais c'est bien triste d'être vieux, mon bon ami.

André. Pas autant que tu le penses ; te souviens-tu de la promenade de dimanche dernier? tu étais bien fatigué ; mais, comme un brave garçon que tu es, tu te consolais en songeant au bon souper et au petit lit que tu devais trouver ici. Hé bien ! je suis de même, car je vais trouver au terme du voyage un meilleur gîte encore que le tien.

Maurice. Où donc, mon ami?

André. Dans la maison de Dieu, mon enfant.

COURAGE ET POLTRONNERIE.

COURAGE.

Un jour de Noël, André, Louis et Henriette allèrent passer la soirée chez leur tante, se promettant de bien jouer avec leur cousin Henri et sa petite sœur Marie.

Les cinq enfants étaient dans une chambre qu'on leur avait abandonnée afin qu'ils pussent jouer sans ennuyer personne.

Tout à coup, Marie, qui jouait à la poupée, s'arrête en disant :—J'entends un petit bruit dans le cabinet noir. — Si c'était une araignée? dit Louis tout tremblant.— C'est un loup, ajoute Henri *le poltron*.— Si j'appelais ma bonne?—A quoi bon? reprit André qui était brave, voyons nous-mêmes.

Sans attendre d'autre consentement, André ouvre toute grande la porte du cabinet noir. Les peureux se sauvent, et notre brave, en cherchant d'où pouvait venir ce bruit, découvrit deux gros pieds d'homme qui sortaient de dessous des robes accrochées à un porte-manteau. Il eut peur, car le courage ne consiste pas à n'éprouver aucune émotion, mais à savoir les surmonter. Ainsi André, au lieu de crier et de s'enfuir, ferma la porte, comme s'il n'avait rien vu, poussa le verrou, qui, heureusement, se trouvait du côté de la chambre, et courut avertir son papa et son oncle qu'il y avait un homme caché dans le cabinet noir.

L'alarme fut donnée dans toute la maison, on s'arma de fusils, on garda toutes les issues, et le voleur fut arrêté sans avoir fait de mal à personne, grace au courage du brave André.

POLTRONNERIE.

Il y avait une fois un petit garçon qui se nommait Henri. Lorsque sa maman le retira de nourrice, elle s'aperçut qu'on lui avait fait peur d'une foule de choses ridicules ; ce qui le rendait très-ennuyeux ; il ne voulait jamais rester seul ni sans lumière ; si le vent grondait dans la cheminée, il se cachait, disant que c'était Croquemitaine qui venait le prendre.

Ce petit Henri croyait encore qu'il y avait des loups derrière toutes les portes. A la promenade, il marchait tremblant, collé à la jupe de sa mère, mourant de peur que les ramoneurs et les charbonniers ne le missent dans leurs sacs. Il se sauvait devant les chiens, et criait au secours quand il voyait une araignée. Enfin un soir sa mère l'entendit pousser des cris affreux, elle accourut et le trouva demi-mort de peur, suivant des yeux une ombre qu'il ne reconnaissait pas pour être la sienne.

Le petit Henri avait un oncle militaire, qui lui avait promis un sabre et un fusil; mais cet oncle ne voulut plus armer un soldat qui avait peur de son ombre. Henri pleura beaucoup, et sa maman le prenant sur ses genoux, lui dit : — Il ne faut pas être poltron comme cela, mon enfant; les loups restent dans les bois et ne viendront pas te chercher dans ma chambre. *Croquemitaine* est une invention de ta nourrice. Les papas et les mamans ont des pénitences et du pain sec pour punir les petits garçons qui ne sont pas sages, mais ils ne les donnent ni à Croquemitaine, ni aux ramoneurs, ni aux charbonniers. — Il ne faut donc avoir peur de rien, maman?— Si fait; écoute-moi bien et tâche de me comprendre. Il y a là-haut, dans le ciel, le bon Dieu, qui sait tout, qui voit toutes les sottises que font les enfants, même quand ils sont tout seuls. On fâche le bon Dieu par des mensonges, mais on ne le trompe pas; il voit les fautes de la nuit aussi clairement que celles du jour, il n'a pas besoin qu'on lui rapporte celui-ci à fait ceci, celui-là a dit cela, car, je te le répète, il voit tout; tôt ou tard, il punit les méchants et récompense les bons. Il faut donc craindre de mécontenter Dieu, au lieu d'avoir peur de bêtes ou de gens qui ne songent pas à faire mal aux petits enfants.

Henri, qui avait écouté sa maman attentivement, l'embrassa en lui promettant d'être bien sage à l'avenir, et de n'avoir plus peur que de fâcher le bon Dieu.

ÉTOURDERIE.

TURBULENCE.

L'ÉTOURDERIE.

Tous les enfants sont étourdis ; mais le petit Jules l'était plus qu'aucun autre. Si on le menait à la promenade, on était sûr qu'il y arrivait couvert de boue, faute d'avoir regardé où il posait ses pieds. Ses leçons finies, il devait mettre en place ses livres, ses papiers, ses plumes, son encrier, mais il rangeait tout cela en bavardant et regardant en l'air; les livres étaient jetés sous le bureau, dans le panier aux vieux papiers ; les brouillons placés sur les tablettes de la bibliothèque ; trop heureux quand notre étourdi ne mettait pas son encrier sous son bras, comme il aurait pu faire d'un dictionnaire. A table, Jules tachait ses habits, et rarement le repas finissait sans qu'il eût renversé son verre sur la table, ou tout au moins la salière.

La maman de Jules lui disait de se corriger de cette étourderie qui le rendait insupportable. L'enfant ne tenait nul compte de ces bons avis; mais il apprit à ses dépens qu'il faut parfois regarder à ce que l'on fait. Son papa lui donna pour le jour de l'an une jolie montre en or, une vraie montre qui marquait l'heure. Jules, ravi de ce beau cadeau, passe la moitié de la journée à tirer sa montre, pour regarder l'heure; au lieu de laisser sa montre dans sa poche, il la tenait dans sa main. Tout à coup il entend sa maman qui l'appelle; notre étourdi songe à de nouveau cadeaux; au lieu de serrer sa montre, il la pose sur la première chaise venue. La visite partie, Jules revint dans le salon; on lui a donné des bonbons, il veut les partager avec son serin favori.—Petit, Petit, tiens voilà du bon sucre. — L'oiseau chante, perché au plus haut de son bâton; il ne veut pas descendre; pour l'atteindre, l'étourdi monte sur une chaise placée près de la cage. A peine y a-t-il posé le pied, qu'il entend *crac;* ce petit bruit le fait frisonner, il vient de briser cette montre qu'il devait garder toute sa vie : il l'a mise en pièces avant qu'elle eût fait le tour du cadran.

Après le malheur, Jules se promet bien de n'être plus étourdi ; mais il eut de la peine à se corriger, car tous ces petits défauts qui semblent de peu d'importance ne se détruisent qu'à force d'attention et de persévérance.

LA TURBULENCE.

Savez-vous ce que c'est qu'un enfant turbulent ? C'est un petit garçon qui, tant que le jour dure, crie, chante, bat sur son tambour, en faisant un bruit à rendre les gens sourds.

J'ai connu un enfant de ce caractère : il se nommait Hector. Souvent, pendant le dîner, il mangeait une bouchée de pain, puis faisait le tour de la table à cloche-pied, une bouchée de viande, et recommençait le même manége ; ou bien, il montait sur sa chaise haute, et au lieu de dîner tranquillement, il contrefaisait le polichinelle ; trop heureux quand il ne lui passait pas par la tête de dire qu'il était un gros chien, et de courir à quatre pattes sous la table, en aboyant et mordant les jambes des convives. Tout cela était fort ennuyeux ; mais il arriva quelque chose de pire: la maman d'Hector tomba malade, elle avait de telles douleurs de tête, que le bruit, venant à les augmenter, elle devait en mourir. Le médecin le dit, en conseillant d'éloigner Hector, que rien ne pouvait faire tenir en repos. On courut chez les amies de la pauvre malade; pas une ne se sentit le courage d'avoir dans sa maison le tintamarre qu'Hector traînait après lui. On parle à l'enfant, on lui dit qu'il ne verra plus sa maman, s'il lui fait du bruit; un instant il se tient tranquille ; puis, le naturel l'emportant sur la résolution, le tapage recommença; ce sont les portes jetées, pif, paf, à tour de bras; ce sont les parquets ébranlés par les sauts à la corde. On envoie Hector dans la cour, il y bat son tambour; on brise le tambour, le petit turbulent chante à tue-tête. Enfin, le soir, la maman était si malade, que le médecin ne répondait plus de sa vie. Je l'aurais sauvée, dit-il, si son enfant avait fait moins de bruit.

OBLIGEANCE.

BONTÉ.

L'OBLIGEANCE.

Rien ne rend plus aimable que la disposition à l'obligeance : on aime le petit garçon que l'on voit quitter son jeu pour faire une commission, dans l'intention de rendre service; on l'aime sans s'inquiéter s'il est beau ou laid, et si, né parmi le peuple, il manque de l'éducation qui rend aimable. On comprend aussi qu'il sera heureux, car, si Jésus ouvre ses bras à tous les enfans, il préfère ceux qui, tout petits, n'ayant encore rien appris, accomplissent le beau précepte : *Aimez-vous, servez-vous les uns les autres.*

Les enfans nés dans une classe plus élevée ont aussi mille occasions pour une de montrer de l'obligeance. Ils peuvent ramasser les pelotons et les ciseaux que leur maman laisse tomber en brodant; donner, sans qu'on le leur demande, un écran à une dame que le feu incommode; enfin, faire des petites choses à la portée du plus jeune âge, qui font contracter l'habitude de l'obligeance, et disposent à rendre de plus grands services, quand l'occasion s'en présente.

LA BONTÉ.

Léon, revenant de la promenade avec son papa, vit un pauvre chien bien laid, bien sale, couché sur un peu de paille, crotté, et autour de lui des petits polissons qui s'amusaient à lui donner des coups de pied; chaque fois que la pauvre bête était frappée, elle poussait une plainte, et s'aplatissait sur la paille en mettant les oreilles en arrière, comme pour demander grace à ses bourreaux qui, après l'avoir long-temps poursuivie, voulaient encore la faire courir sur trois pattes, car celle de devant était blessée et saignait beaucoup. — Eh bien! dit le plus méchant de la troupe, puisqu'elle n'est plus bonne à rien, il faut la jeter à l'eau. A ce discours, Léon s'écria : — C'est trop cruel! mon papa, permettez-moi d'emporter ce pauvre animal, j'aurai soin de lui, je serai son maître; on ne jette pas à l'eau un chien qui a un maître.

Le papa de Léon répondit qu'il voulait bien. Alors les mauvais garçons s'éloignèrent tout confus, car c'est le propre de la bonté de faire rougir les méchants.

Rien n'égale la joie d'un bon cœur qui a trouvé l'occasion de faire le bien. Aussi Léon montra-t-il à sa maman son chien crotté, avec plus de joie que s'il eût rapporté une couronne. On fit un petit lit au malade; on pansa avec de la charpie sa patte blessée; pendant ce temps, Léon lui préparait une bonne soupe au lait. Une heure n'était pas écoulée, que le cher malade avait déjà bonne mine. Léon se réjouissait de voir son protégé guérir aussi vite; il l'aimait de cette affection que l'on porte à ceux auxquels on a été assez heureux pour rendre un grand service. Médor, ainsi Léon avait nommé son chien, aimait aussi beaucoup son maître : le suivant partout, il semblait guetter l'occasion de lui être utile à son tour. Elle ne tarda à se présenter.

Un matin, Léon, oubliant les recommandations de sa mère, jouait trop près de la porte du poêle, le feu prit à sa blouse; l'enfant, effrayé, s'imagina qu'il s'en débarrasserait en secouant ses vêtemens. Ce mouvement donna de l'activité à la flamme; en un instant elle enveloppa l'enfant. Le pauvre petit veut crier, la fumée le suffoque. Que faire? que devenir? Déjà ses mains et son cou ont plusieurs brûlures. Léon était perdu, si Médor n'avait pas été avec lui dans la chambre.

Le bon chien, voyant le péril de son ami, s'élance vers la porte, elle est fermée. Il gratte, il aboie, il hurle si fort, qu'il se fait entendre de la bonne de Léon. Cette fille se hâte de descendre de la cuisine, il était temps : l'enfant avait une partie de ses vêtemens consumés; encore un peu, le secours arrivait trop tard. Ainsi Léon dut la vie à la bonne action qu'il avait faite, en sauvant un pauvre chien que des méchants voulaient jeter à l'eau.

INSOLENCE.

MÉCHANCETÉ.

L'INSOLENCE.

Il y avait dans la pension de M. Morin un petit garçon nommé Arthur, dont la mère était morte, et le père, qui voyageait en Amérique depuis plusieurs années, connaissait à peine son fils. Arthur désirait ardemment le retour de son père, non parce qu'il était bien bon fils, mais parce qu'il était malheureux dans sa pension, où son insolence le faisait détester de ses maîtres et de ses camarades.

Un jour que les élèves étaient en promenade, Arthur voit un petit vieux monsieur qui s'arrête pour regarder défiler ce troupeau d'enfants ; notre écolier, insolent selon sa coutume, se moque de ce monsieur, en l'appelant *Nicodème* et le montrant au doigt. — Vous n'êtes pas poli, mon petit ami, dit le vieillard ainsi apostrophé. — Arthur lui tire la langue pour toute réponse. — Monsieur, je vais me plaindre à votre maître. — Arthur, au lieu de faire des excuses, frappe de son pied dans le ruisseau, et couvre de boue le vieux monsieur. Celui-ci, transporté de colère, traîne l'écolier devant le maître, auquel il demande le nom de la pension où les enfans sont si mal élevés. Le pauvre M. Morin, confondu de ces compliments, balbutie son nom.

— Juste Ciel, s'écrie le vieux monsieur, c'est dans cette maison que je fais élever mon fils. On s'explique, et il se trouve que c'était le papa d'Arthur; il arrivait d'Amérique, et se rendait à la pension pour embrasser son fils. Qui est-ce qui a été confus et désolé de s'être conduit avec tant d'insolence? Ce fut Arthur. Aussi, dès ce moment, il prit la résolution de se corriger et de devenir aussi poli qu'il était insolent.

LA MÉCHANCETÉ.

Édouard passait l'été à Montmorenci, chez une de ses tantes qui le gâtait. Du matin au soir, l'enfant courait les champs sans qu'on s'inquiétât de ce qu'il faisait, en sorte que sa tante ne s'apercevait pas que chacun de ses jeux était une méchanceté.

Un jour, Édouard ramassa dans le jardin un petit moineau qui était tombé du nid ; le méchant enfant, bien content de sa capture, attacha un fil à la patte de l'oiseau ; il espérait qu'il allait voler, et jouissait d'avance de son désappointement en se sentant retenu ; mais le moineau n'avait pas encore ses ailes ; il se blottit

sur ses pattes, espèrant que son père ou sa mère viendrait le sauver. Édouard, voyant que ce jeu ne réussissait pas, en imagina un autre plus cruel encore; il prit l'oiseau dans sa main et s'amusa à lui tirer les plumes une à une. Le pauvre petit moineau serait mort à la peine, si ce n'avait pas été un dimanche, jour où le papa d'Édouard venait le voir à Montmorenci. Sa surprise et son chagrin furent grands en voyant à quel jeu son fils s'amusait. Il commença par lui ôter le petit moineau des mains, puis, prenant Édouard entre ses genoux, il l'interrogea ainsi.
— *Le papa.* Que faisiez-vous en plumant tout vif cet animal? — *Édouard.* Je m'amusais. — *Le papa.* Vous ne saviez donc pas qu'en lui arrachant ses plumes, vous lui faisiez un mal horrible? — Édouard baissa la tête sans répondre. — Alors son papa commença à lui tirer les cheveux un à un, comme il avait arraché les plumes de l'oiseau. — *Édouard, pleurant.* Finis donc, papa, pourquoi me fais-tu du mal? — *Le papa.* Pour vous apprendre ce que vous faisiez au petit oiseau, car il y a des enfans qui ne sont méchants que par l'ignorance où ils sont du mal qu'ils font : c'est pourquoi je vais vous emmener avec moi à Paris, et là, chaque

fois que je vous verrai faire du mal exprès, soit à un enfant, soit à un animal, soyez sûr que je vous ferai aussitôt le même mal, et même plus grand, car je suis de beaucoup plus fort que vous.

Édouard se récria fort contre ce mode d'éducation, mais son père demeura inflexible, et de la sorte corrigea le petit garçon de sa méchanceté.

PROPRETÉ.

ÉCONOMIE.

LA PROPRETÉ.

La propreté augmente les agréments de la richesse, elle ôte aussi à la misère son aspect repoussant, elle rend les enfans jolis, agréables, et leur donne un air distingué. Un enfant naturellement propre fait attention à la manière dont il marche dans la rue, il ne prend que le moins de boue possible ; en rentrant, il a soin de frotter ses souliers sur le grattoir, puis ensuite sur le paillasson. On n'a pas besoin de lui dire : — N'essuyez pas vos mains à votre blouse, ne grattez pas votre tête, ne touchez pas à votre nez. De lui-même il lave ses mains avant les repas et se débarbouille après avoir mangé ; il ne boit jamais dans un verre avant de s'être assuré s'il est bien net, ne prend point à pleines mains le pain qu'il doit offrir, mais le présente sur une assiette; il ne touche jamais une cuiller ou une fourchette par le côté que l'on met dans la bouche, mais par le manche.

J'ai connu un petit garçon qui était pauvre, il n'avait pas de bonne pour le soigner, et sa mère, obligée de travailler, ne lui mettait pour tous les jours que de vieux habits et des souliers déjà usés par un autre petit garçon; eh bien, il faisait plaisir à voir, tant il était propre; sa méchante petite veste était brossée par lui chaque matin, il n'y laissait pas un grain de poussière; sa cravate n'était pas froissée, parce qu'il ne se couchait pas sans l'avoir pliée; tandis que l'enfant dont il portait les défroques était toujours débraillé, avait les mains sales, la figure mâchurée, et cependant la dépense que l'on fait pour l'un en un mois habillerait l'autre magnifiquement pendant une année.

C'est que, voyez-vous, la propreté est une qualité aimable, et les qualités s'acquièrent avec de la bonne volonté et de la persévérance, mais ne se paient pas à prix d'argent.

L'ÉCONOMIE.

Eugène était le plus âgé des six enfans d'un pauvre mâçon ; à neuf ans, son père l'envoya à l'école ; sa mère, qui l'aimait, souffrait en pensant qu'il n'aurait que du pain sec à déjeuner ; elle résolut de se priver de prendre du café le matin, pour donner deux sous à son fils, afin qu'il pût acheter des fruits. L'enfant était économe, il ne dépensa point son argent, pensant avec raison qu'il trouverait un jour l'occasion de l'employer utilement : or, au bout d'un mois, la mère d'Eugène cessa de donner deux sous à son fils ; le maître maçon pour lequel travaillait son mari avait dit à ses ouvriers qu'il ne pouvait pas leur payer leurs journées ; que ceux qui voudraient le quitter étaient libres, mais qu'en partageant sa mauvaise fortune, on ne perdrait rien pour attendre. Le maître maçon s'était toujours montré bon et secourable pour ses ouvriers. Le père d'Eugène et quelques autres préfèrent endurer une gêne momentanée à ruiner leur bienfaiteur, en le forçant par leur abandon à cesser ses travaux.

La pauvre famille vécut trois semaines de ce que l'on pouvait acheter à crédit, après quoi le boulanger refusa de donner du pain sans argent, et il n'y avait pas un sou dans la maison. Le père et la mère se taisaient en dévorant leurs larmes. Les enfans étaient inquiets de ne point voir préparer le déjeuner. Eugène, soupçonnant la cause de la tristesse de sa mère, s'approcha d'elle et lui dit tout bas :
— Si tu avais trois francs, serais-tu contente?

— Ah! sans doute, mais qui me les donnera, ces trois francs? — Moi, maman; au lieu d'acheter des fruits avec l'argent que tu me donnais chaque matin, j'ai mangé mon pain sec. Voilà les soixante sous que j'ai amassés, dans l'idée qu'un jour ils te manqueraient.

Je laisse à penser si la mère d'Eugène fut heureuse de ce secours inespéré, et si elle rendit graces à Dieu de lui avoir donné un fils économe. Le lendemain, qui était un lundi, le maître maçon paya non seulement tout ce qu'il devait à ses ouvriers, mais il donna une gratification à ceux qui ne l'avaient pas abandonné. Ainsi l'aisance revint dans le ménage de l'ouvrier, grace à Eugène, avant que l'on n'y eût manqué de pain.

Voilà comment, avec de l'ordre et en se bornant au stricte nécessaire, on peut, si pauvre que l'on soit, se ménager une ressource pour un malheur imprévu; mais qu'attendre des enfants qui perdent ou cassent dans une semaine la balle, la corde, le cerceau, qu'avec du soin ils auraient fait durer un mois; ceux-là ne seront jamais charitables, obligeants, ni même magnifiques, car ils auront beau tirer de leur poche huit sous l'un après l'autre pour remplacer la balle perdue, ils n'auront toujours qu'une balle de deux sous, et ne brilleront pas plus que l'enfant qui joue un mois avec la même.

THÉATRE DU CIRQUE-OLYMPIQUE.

L'ÉLÉPHANT BABA.

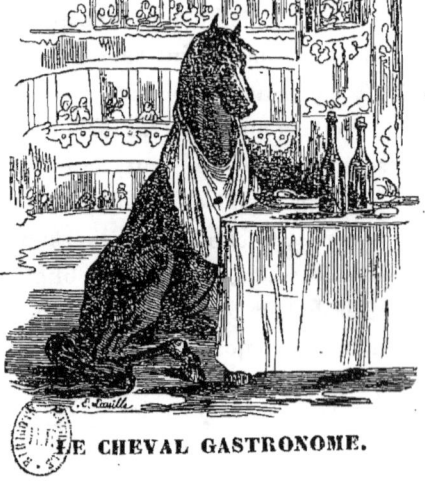

LE CHEVAL GASTRONOME.

INTELLIGENCE CHEZ LES ANIMAUX.

L'ÉLÉPHANT BABA.

Malgré sa force, l'éléphant peut être réduit en captivité. Une fois habitué à la société de l'homme, il s'apprivoise facilement et rend de grands services. Dans l'Inde, il sert de monture, il traîne des fardeaux et sert très-activement à la guerre. Autrefois on le chargeait d'une tour de bois remplie d'archers. Aujourd'hui on lui fait porter des petits canons. On a vu dans l'armée anglaise employée aux Indes des éléphants aider les artilleurs à placer des pièces en batterie, en pousser d'autres avec leur front ou les remuer avec leur trompe. Chez nous, l'intelligence de l'éléphant a été démontrée d'une manière plus pacifique : celui du Jardin-des-Plantes débouche une bouteille avec beaucoup d'adresse. Les frères Franconi en ont dressé un qu'on a vu figurer dans leurs pantomimes héroïques : le dernier qui a paru au théâtre du Cirque-Olimpique dansait sur la corde avec plus de grace et d'agilité que ne semble en comporter sa masse informe.

Malgré la douceur et la facilité du caractère de l'éléphant, il arrive des instants où, sa patience étant poussée à bout, il devient très-dangereux. On raconte que l'un de ces monstrueux artistes, nommé miss Peggy, était engagée sur un théâtre de Londres pour jouer le principal rôle dans une pièce indienne ; le personnage lui déplaisait sans doute, car, après la première représentation, miss Peggy entra dans une épouvantable fureur ; méconnaissant la voix jusque là toute-puissante de son cornac, elle mit en fuite les gens de service et menaça de tout briser dans le théâtre. Enfin, quand on vit qu'il fallait renoncer à l'espoir de la voir rentrer dans ses habitudes, l'alderman du quartier requit la force armée ; on chargea un canon de quarante-huit, et miss Peggy mourut héroïquement, frappée par le plus gros boulet qui fût dans l'arsenal de Londres.

§ 53

LE CHEVAL GASTRONOME.

Le cheval est originaire des plaines de la Haute-Asie : c'est là qu'on le trouve encore indépendant. Les hommes de la race scythique sont les inventeurs de l'équitation. Le cheval de l'arabe complète en quelque sorte la nature de l'homme, qui se trouverait bien malheureux sans son coursier : aussi vivent-ils dans une intelligence parfaite et une union presque fraternelle. La condition du cheval arabe ne ressemble pas plus à celle de la malheureuses bête qui traîne en Europe la charrette ou la voiture publique, que celle de l'enfant de famille bien choyé n'est comparable à la vie que mène un pauvre homme esclave traversant le grand désert de l'Afrique.

Le cheval est un des animaux les plus intéressants; ses formes sont élégantes, sa force est prodigieuse et son courage égal à celui du guerrier dont il devient le compagnon et le défenseur.

Les frères Franconi en ont dressé à leur manége qui ont fait la fortune de leur théâtre, par leur adresse et leurs tours surprenants. Le cheval nommé le Régent était surtout admiré de tout Paris. On l'a vu jouer une scène très-plaisante : après divers tours de force et d'agilité, il se plaçait devant une table, accroupi sur ses pieds de derrière, une serviette attachée au cou, ses deux sabots de devant sur la table, comme une personne raisonnable y pose ses mains, et mangeant avec une grace parfaite les mets posés devant lui. On l'appelait le cheval gastronome.

Le cheval sauvage est petit, sa crinière est longue, le poil de sa robe est touffu et grossier, il a la tête volumineuse, les oreilles longues, les membres épais. Les chevaux sauvages forment des troupes nombreuses, ils reconnaissent un chef dont ils suivent les mouvements; c'est lui qui, par ses hennissements, donne l'ordre du repos et de la marche, de l'attaque ou de la fuite. Si un lion, une panthère paraissent, la troupe forme un vaste cercle renfermant les poulains et les vieux chevaux; chaque croupe est tournée hors du cercle, et quand l'ennemi approche, il est accueilli par de vigoureuses ruades lancées rapidement, et qui d'ordinaire lui font lâcher prise.

LE SINGE DE BUFFON.

M. MARTIN.

LE SINGE DE M. DE BUFFON.

M. DE BUFFON, le savant naturaliste, avait dressé un singe qui le servait aussi bien qu'un domestique. Jocko s'habillait comme un homme, mangeait à table, se servait adroitement de la fourchette et du couteau.

Quelqu'un raconte l'avoir vu chez M. de Buffon, un jour de grand dîner, en livrée, placé derrière son maître, faisant l'office d'un domestique et le servant à table. Les mouvements de Jocko, ses yeux animés, ses gestes analogues à l'emploi qu'il remplissait, amusèrent beaucoup la compagnie, qui ne pouvait comprendre l'intelligence de cet animal, qui allait jusqu'à prévoir le moment où il fallait changer l'assiette ou verser à boire à M. de Buffon.

M. MARTIN.

On comprend encore comment on parvient à faire l'éducation d'un animal intelligent comme le singe, surtout si l'on considère que l'on ne réduit à l'état de domesticité que ceux de la petite espèce. Mais quelle admiration ne doit-on pas avoir pour l'homme qui dompte de grands animaux carnassiers. On nomme carnassier la bête qui se nourrit de chair et que la faim pousse à se jeter sur d'autres animaux pour les dévorer.

L'ours, dans ses montagnes, ne sort que pendant la belle saison. Il se nourrit d'abord de racines et de fruits; mais quand la faim devient trop forte, il dérobe des moutons, étrangle des chevaux et même des taureaux. L'ours n'attaque jamais l'homme le premier; mais, s'il est provoqué, il se dresse, frappe à coups de poings, cherche à saisir son ennemi pour l'étouffer, en le serrant entre ses bras. Quand on veut prendre un ours vivant, on arrose d'eau-de-vie un gâteau de miel dont il est très-friand; l'animal, enivré, devient d'une gaîté folle, il se tient debout, saute, fait mille contorsions grotesques, puis s'endort. C'est alors qu'on l'enchaîne, on le muselle et on le dompte en lui passant un anneau de fer dans les narines. Quand l'ours est jeune, il s'apprivoise, apprend à danser et à marcher sur ses pieds de derrière en s'appuyant sur un bâton.

S'il est curieux de voir un homme, quelquefois un enfant, faire danser un ours dix fois plus fort que lui, qu'est-ce lorsqu'il s'agit d'un lion et d'un tigre, les plus terribles et les plus redoutés des animaux féroces. C'est cependant ce que la France et l'Angleterre ont pu voir de nos jours.

Un homme nommé Martin est parvenu à dompter l'humeur farouche des lions, des tigres, des panthères, au point de les faire paraître avec lui sur un théâtre, dans des pièces faites exprès, où ces terribles animaux jouaient leur rôle avec lui.

Tantôt M. Martin était un hardi chasseur qui allait attaquer les animaux féroces dans leur antre, et le lion ou le tigre feignait une défense désespérée et se laissait vaincre au moment juste indiqué par l'auteur. D'autres fois c'était un martyr chrétien livré aux bêtes par l'ordre d'un méchant empereur romain, et il luttait dans le cirque contre les animaux lâchés contre lui pour le dévorer, avec une apparence de vérité qui donnait le frisson aux plus intrépides spectateurs.

Fable.

LE CHIEN ET LE PERROQUET.

Un chien et un perroquet étaient élevés dans la même maison ; on prenait un soin égal de leur éducation, et tous deux faisaient assaut de docilité, car ils aimaient les louanges et les morceaux de sucre dont était suivie chaque leçon bien prise.

Médor était docile. Jacot avait une excellente mémoire, dont il était très-fier. Il fallait le voir perché sur son bâton, une patte cachée dans ses plumes, le bec dans sa cravate, réciter d'un ton pédant les phrases qu'on lui avait apprises, parce qu'il croyait être un orateur et méprisait Médor qui, au lieu de saluer sa maîtresse d'un *donnez à déjeuner à Jacot, la patte, la patte,* ne savait que courir au devant d'elle; l'accabler de caresses et retourner à sa niche, quand, après l'avoir flatté de la main, ou lui disait : *Couchez*, Médor.

Mais il arriva qu'un soir où la maîtresse de Jacot et de Médor était seule au logis, des voleurs grattèrent à la porte en essayant da forcer la serrure. A ce petit bruit le perroquet imbécile répéta comme à l'ordinaire : *Toi, tu entres*. Heureusement Médor avait été instruit à garder la maison, il s'élança hors de sa niche en poussant des aboîments furieux, et fit tant par ses cris qu'il éveilla sa maîtresse, attira les voisins, et força les voleurs à prendre la fuite. Sans les aboîments de Médor, la maîtresse était assassinée, et tous les beaux discours du perroquet n'auraient servi de rien pour la sauver.

FIN.

MORALITÉ.

La mémoire sans intelligence est un meuble inutile. Telle est la moralité de ma fable. — Celle de ce petit livre est qu'un enfant doit s'appliquer à bien apprendre à lire, puis à se corriger de tous ses petits défauts, afin d'être gentil et de rendre contents ses parents, qui l'aiment de tout leur cœur.

TABLE DES MATIÈRES.

Alphabet.	7	Mots de 2, 3 et 4 syllabes.	13
Des différentes sortes de lettres.	9	Phrases détachées pour préparer à la lecture courante.	14
Mots d'une seule syllabe.	13		

LA GÉNÉROSITÉ.	13	LA MÉCHANCETÉ.	41
L'ESPIÉGLERIE.	16	LA PROPRETÉ.	43
LE VIEILLARD ET L'ENFANT.	18	L'ÉCONOMIE.	47
COURAGE.	21	INTELLIGENCE CHEZ LES ANIMAUX.	51
POLTRONNERIE.	23	L'ÉLÉPHANT BABA.	Id.
L'ÉTOURDERIE.	27	LE CHEVAL GASTRONOME.	53
LA TURBULENCE.	30	LE SINGE DE BUFFON.	56
L'OBLIGEANCE.	33	M. MARTIN.	57
LA BONTÉ.	35	FABLE. — LE CHIEN ET LE PERROQUET.	61
L'INSOLENCE.	39	MORALITÉ.	65

www.ingramcontent.com/pod-product-compliance
Lightning Source LLC
LaVergne TN
LVHW021729080426
835510LV00010B/1183